AF242316

CONFÉRENCES

sur

L'HISTOIRE LOCALE

FAITES

A L'ÉCOLE MUTUELLE D'ABBEVILLE.

PAR

M. Ch. LOUANDRE

RECUEILLIES ET PUBLIÉES

Par M. Alcius LEDIEU

AMIENS

TYPOGRAPHIE DELATTRE-LENOEL

32, Rue de la République, 32

1880

A Monsieur Alcius Ledieu, Bibliothécaire de la ville d'Abbeville.

MON CHER MONSIEUR,

Vous me demandez l'autorisation de publier les Conférences qui ont été faites à l'École mutuelle en juin et juillet 1880. C'est faire trop d'honneur à une causerie sans prétention dont l'unique but était de vulgariser les notions de l'histoire locale, consignées dans des livres aujourd'hui difficiles à trouver. Si le précieux travail de mon ami M. Prarond, Histoire de cinq villes et de trois cents villages,... *et l'*Histoire d'Abbeville et du Ponthieu, *de mon père, avaient été entre les mains des maîtres dévoués de nos écoles, je n'aurais point eu à les entretenir du passé de notre cher pays. Ils auraient trouvé dans ces ouvrages tous les renseignements désirables. A leur défaut, j'ai pensé qu'il y avait quelque intérêt à leur rappeler d'attachants souvenirs.*

C'est pour MM. les Instituteurs, qui sont pour moi de bien vieilles et sympathiques connaissances, que j'ai fait ces causeries : elles leur appartiennent sans réserves. — Vous voulez bien vous charger de les publier, je vous en remercie et je serai trop largement dédommagé si j'ai réussi à intéresser les honorables membres du corps enseignant qui ont bien voulu me donner quelques heures.

Bien affectueusement à vous,

CH. LOUANDRE.

PRÉFACE

Deux conférences sur l'histoire locale considérée dans ses rapports avec l'histoire générale ont été faites à l'École mutuelle d'Abbeville aux instituteurs et institutrices laïques et congréganistes des deux cantons par M. Ch. Louandre, Président de l'une des deux délégations cantonales.

La première conférence a porté sur l'archéologie, et la seconde sur la géographie ancienne du comté de Ponthieu, les origines du christianisme dans ce comté, l'organisation ecclésiastique, la féodalité, les communes et le droit coutumier.

MM. les Instituteurs ont manifesté le désir d'en voir la publication : je m'en suis chargé.

Je m'estimerai heureux *à plus d'un titre* d'avoir pu être utile aux maîtres zélés de nos écoles qui se consacrent avec tant de dévouement à la noble cause de l'instruction populaire, au service de laquelle je resterai toujours attaché.

Pour ceux qui ne sont point familiarisés avec les termes de l'archéologie, de la féodalité, etc., j'ai pensé qu'un *Lexique* devait forcément trouver sa place à la suite de ces Conférences : c'est la seule chose que je me sois permis d'ajouter.

Alcius LEDIEU.

Abbeville, ce 30 juillet 1880.

PREMIÈRE CONFÉRENCE.

Messieurs,

Je n'aborderai point ici l'étude géologique de notre arrondissement : cette étude ne relève point de l'histoire, mais des
sciences naturelles. Il suffira de dire que les couches supé-
rieures de la craie forment la constitution des plaines et des
collines qui bordent la vallée de la Somme et de ses affluents.
Au bas de ces collines, on rencontre un terrain d'alluvion,
composé de sable mêlé d'argile, qui repose sur une couche de
silex anguleux ; ce terrain a de quatre à cinq mètres environ
d'épaisseur, quelquefois plus. Il s'y trouve des débris d'animaux, d'arbres, de plantes, désignés sous le nom de fossiles,
tels que lézards gigantesques, éléphants, rhinocéros à narines
cloisonnées, ours à front bombé, cornes d'ammon, fougères
arborescentes, etc. Ces débris appartiennent à des races
d'une taille de beaucoup supérieure à celles du monde
d'aujourd'hui, ce qui a fait croire que la terre avait été primitivement habitée par des géants. Vous avez vu quelques-
unes de ces antiquités antédiluviennes au musée de Perthes.
Si par hasard on en découvre dans vos communes, je vous
engage fort à vous entendre avec les propriétaires et les
autorités locales pour en assurer la conservation.

L'homme était-il contemporain de ces animaux et de ces
plantes ? La question, malgré de nombreux travaux, n'est point
résolue ; le sera-t-elle jamais ? On peut en douter. Les origines

de la vie sur la surface de notre globe sont entourées de profondes ténèbres. Je laisse donc de côté ces problèmes qui touchent au mystère même de la création, et je me borne à chercher les traces que les plus anciens habitants de ce pays ont laissées de leur passage sur la terre.

Ces traces sont, dans la Gaule primitive, des haches de pierre, des silex, des os façonnés en forme d'outils, d'armes et d'ornements, des pirogues faites d'un seul tronc d'arbre; les musées de la ville en renferment de curieux échantillons. Dans les îles que les navigateurs ont découvertes depuis trois siècles, on a trouvé partout des objets semblables, ce qui prouve que tous les peuples, y compris ceux qui étaient séparés des continents par l'immensité des mers, ont commencé de même, et vous pouvez juger, en comparant les produits de l'industrie dans sa première enfance aux merveilleuses machines qui fonctionnent de nos jours, ce qu'il a fallu d'années pour arriver où nous en sommes, et quels prodigieux efforts l'esprit humain a dû accomplir.

A l'origine, les Gaulois marchaient à moitié nus, sans autre vêtement que des peaux de bêtes. Ils se tatouaient, mais chez eux le goût de la parure avait précédé les habits. Ils portaient des bracelets et des colliers formés de coquillages, d'arêtes de poissons, de petits os, de rondelles découpées dans la pierre; vous en avez pu voir au musée Boucher de Perthes. Ils taillaient leur barbe en pointe, et, comme si les coiffeurs eussent déjà fait leurs premiers essais, ils relevaient sur leur front une grosse touffe de cheveux. C'est à ces âges si loin de nous que se rapportent, nous le pensons, les tombes et les excavations que nous voyons sur quelques points de notre arrondissement.

Les tombes sont des buttes circulaires qui indiquent par le nom qu'elles ont conservé jusqu'à nos jours leur destination première. La culture en a fait disparaître un assez grand nombre, mais il en existe encore à Port, à Noyelles, à Drucat, à Vron, à Vironchaux, dans la forêt de Crécy. Elles paraissent appartenir à des époques différentes, car on ne rencontre dans quelques-unes que des ossements et des instruments de pierre, haches ou flèches, ce qui indique qu'elles remontent aux temps préhistoriques, tandis que dans d'autres on trouve quelques fragments de métaux, ce qui prouve une époque plus rapprochée de nous.

Les fosses ont été peu étudiées jusqu'à présent, mais, pour notre part, nous n'hésitons point à y reconnaître les vestiges des premières habitations gauloises. Elles étaient recouvertes d'un toit de chaume ou de gazon soutenu par des troncs d'arbres fixés verticalement au fond de la fosse et sur les parois de l'intérieur.

L'état de nature s'est modifié lorsque des hordes descendues des hauts plateaux de l'Asie, 1600 ans avant notre ère, vinrent enseigner à la Gaule l'art de tisser les laines, de les teindre et de travailler les métaux. Les migrations des Gaulois en Orient, leurs expéditions en Italie, ont encore aidé à leur développement technologique, et, bien avant la conquête romaine, ils étaient arrivés à un certain degré de civilisation.

L'or était abondant; on en trouvait des mines en Auvergne; quelques fleuves et rivières charriaient des paillettes de ce précieux métal; les Gaulois en faisaient des colliers, des bracelets nommés *torques*, qui étaient un ornement national que les hommes et les femmes portaient à l'avant-bras. Ils fabriquaient aussi des émaux, et cette industrie s'est conservée jusqu'à une époque toute moderne dans les célèbres émailleries de Limoges; mais ce n'est point l'or qui fait la force des peuples. Nos aïeux ignoraient l'art de tremper le fer, et ce fut là la principale cause de leurs défaites, lorsqu'ils curent à lutter contre les Romains : leurs épées se brisaient ou pliaient sur les boucliers des légionnaires, qui les égorgeaient d'une main sûre avec leur épée d'airain trempé. On a trouvé dans notre pays quelques objets gaulois, mais en petit nombre : ce sont des monnaies très informes, quelques fragments de bijoux, et, ce qui mérite surtout d'attirer l'attention, une statuette de cuivre d'une extrême rareté, représentant l'Hercule gaulois. Cette statuette réunit les attributs de ce dieu national et les attributs exotiques des dieux du paganisme : la couronne radiale* d'Apollon, la corne d'abondance de Cérès, les ailes de Mercure. Ce précieux monument a été découvert à Cahon, dans un pré contigu à la route qui mène de Gouy à ce village.

La conquête définitivement accomplie par César l'an 51 avant Jésus-Christ, changea complètement la face de la Gaule. Rome, qui façonnait le monde à son image, et qui fondait dans les pays conquis autant de petites Romes qu'elle fondait de villes, porta dans notre pays ses arts et sa civilisation. Nous n'avons point, comme le Midi, de grandes ruines, des cirques, des arcs-de-triomphe qui font l'admiration du touriste, mais il nous reste sous la terre des vestiges qui nous rendent l'antiquité encore présente.

Nous avons la grande route qui fut ouverte par l'empereur Auguste pour relier Lyon à Boulogne. Elle traverse notre arrondissement du sud-est au nord-ouest ; c'est un chemin vert dont il ne reste que des tronçons que l'on voit encore à Noyelles-en-Chaussée, à Estrées, à Estruval, etc. ; les noms de Noyelles-en-Chaussée, d'Estrées, en latin *strata*, se rattachent à son existence. Elle franchit Ponches à la

---

* Les mots suivis d'une astérique sont expliqués au lexique qui fait suite à la brochure.

vallée d'Authie; mais là elle s'est enfoncée tout d'une pièce, comme une longue plaque de fer, dans les terrains tourbeux. La tradition dit que la reine Brunehaut la fit réparer; de là le nom de Chaussée-Brunehaut qu'on lui donne chez nous; mais cette tradition n'est justifiée par aucun texte.

Les Romains ont été, par excellence, le peuple constructeur; ils donnaient à leurs routes une solidité à toute épreuve et n'en faisaient pour ainsi dire qu'une seule pierre. Lorsque les ingénieurs du temps allaient les recevoir, ils enfonçaient une épée dans le cailloutis qui formait la surface, et, pour peu que l'épée y pénétrât, les ouvriers étaient tenus de recommencer le travail.

Nous avons des vestiges plus curieux que les routes : ce sont les camps romains attribués, sans preuves, à César et qui appartiennent, selon toute vraisemblance, à la période impériale et à la catégorie des camps stationnaires, *castra stativa;* ils existent à Saint-Valery, sur le plateau de Gouy, sur les monts de Caubert, à Liercourt et à l'Étoile. Ils étaient destinés à défendre la ligne de la Somme, qui a eu dans tous les temps une grande importance militaire. Quatre de ces camps sont placés sur la rive gauche, un cinquième, celui de l'Étoile, est placé sur la rive droite et fait tête de pont.

L'état-major romain excellait à choisir de bonnes positions. Il plaçait ses camps à l'angle de deux vallées, comme vous pouvez le voir sur les monts de Caubert, à Liercourt et à l'Étoile; les deux côtés de l'angle formaient, par l'escarpement, une défense naturelle à laquelle s'ajoutaient des palissades et des pieux aiguisés; la base de l'angle du côté de la plaine était couverte par un retranchement en terre précédé d'un fossé; sur ce retranchement s'élevait un échafaudage en bois avec deux ou trois galeries étagées; les archers et les frondeurs se plaçaient sur ces galeries, devant lesquelles étaient tendues des peaux ou d'épaisses étoffes pour arrêter les flèches des assaillants; sur le *vallum** même étaient placés des fantassins armés de lances ou d'épées. La présence des échafaudages explique comment les Gaulois, ainsi qu'on le voit dans César, arrivaient quelquefois à brûler les défenses du camp en lançant contre elles des matières inflammables, ce qui ne s'expliquerait pas s'il n'y avait eu qu'un *vallum* en terre. En avant de la porte du camp, vers la plaine, se trouvait, comme vous pouvez le voir à l'Étoile, un petit retranchement plus bas que le *vallum* et nommé *clavicule** ; il était destiné à favoriser la sortie des troupes. Sur les monts de Caubert, on voit encore en avant du *vallum*, du côté de Caubert, les trous de loup* qui formaient une première ligne de défense; au fond de ces trous étaient placés des pieux aiguisés au feu, et dans les intervalles étaient fichés d'autres pieux horizontalement, à quelque distance du sol, ce qui rendait la marche tout à fait impossible, et, quand les assaillants embarrassés tombaient dans ces trous, ils se perçaient sur les pieux aiguisés qui en garnissaient le fond.

Je vous engage, Messieurs, à visiter le camp de Liercourt; on en connaît peu de plus complet et de mieux conservé. Sa superficie est de 46 hectares, soit 182 arpents romains. Vous y verrez, dans l'un des petits bois dont il est en partie couvert, une enceinte circulaire en terre ; c'est le tribunal du préteur, l'enceinte où l'on déposait les dieux de Rome et les drapeaux de la légion. Au pied du camp se trouve une petite vallée, avec une source : c'est la vallée de Bellifontaine, la fontaine de la guerre, *belli fons ;* c'est à cette source que les cavaliers romains allaient abreuver leurs chevaux; on y a trouvé des épées légionnaires en bronze.

Les débris gallo-romains de toutes sortes nous sont rendus chaque jour par la terre; les trouvailles faites depuis un siècle dans nos cantons suffiraient seules à former un magnifique musée.

Les sépultures sont nombreuses; les morts étaient déposés dans des cercueils de pierre en forme d'auge; on en a rencontré sur les points les plus divers; la plupart ont été violés à des époques qu'il est impossible de déterminer et les objets d'or ou d'argent qu'ils pouvaient contenir ont disparu. Les profanateurs s'inquiétaient peu de réunir des curiosités archéologiques; ils prenaient l'or et laissaient les vases de terre, les fioles lacrymatoires*, les armes qui étaient déposées auprès du mort. En dehors des sépultures, on a trouvé et l'on trouve encore un très grand nombre de médailles, des amphores*, des urnes cinéraires* en bronze et en terre, des objets de toilette, des cuillères. Parmi les découvertes importantes qui ont été faites, il faut citer deux statuettes, l'une trouvée dans la vallée de Somme et représentant Hercule étouffant dans ses bras le géant Antée, fils de la Terre; l'autre offrant une tête de Cybèle, reproduite par M. de Caylus dans le *Recueil d'antiquités* et qui est présentée dans ce livre comme l'un des plus beaux spécimens de l'art romain.

Nos champs offrent, sur certains points, une grande quantité de tuiles à rebords de fabrique romaine, de vases en poterie rouge souvent ornés de figures d'hommes ou d'animaux et d'arabesques d'un goût parfait. Les lieux où se rencontrent ces débris sont désignés sous des noms qui non seulement rappellent le souvenir de Rome, mais qui souvent aussi ne sont que des noms romains reproduits dans leur intégrité primitive.

C'est ainsi qu'entre Tœuffles et Moyenneville, le long de la route, se rencontre un champ appelé *le Lendit*. Dans ce champ ont été trouvées de belles statuettes antiques et une foule de débris tels que charbons, ossements d'animaux domestiques, indiquant la présence d'un grand nombre d'habitants : c'est *le Lendit*, c'est-à-dire le *forum indictum* ou lieu assigné pour la tenue d'un marché ou d'une foire. Ainsi encore, aux limites du territoire de Cambron et de Moyenneville, près de *la Croix qui corne*, on rencontre un lieudit *Marca*; or *marca* signifie limite, et l'on peut croire que l'on est là sur un point de séparation de deux divisions cantonales. Les débris de tuiles romaines y sont très nombreux et la charrue y a mis au jour des fragments de colonnes et de chapiteaux qui doivent se trouver aujourd'hui, nous le pensons, chez M. le comte de Clermont, à Cambron.

A l'extrémité du faubourg de Rouvroy-lès-Abbeville, et au-dessous du camp romain des monts de Caubert, vous pouvez lire sur une enseigne : *A la porte de Rome;* vous traversez *le pont de Rome* sur la petite rivière aux Nonnains, et vous retrouvez encore là le témoignage toujours vivant de la présence de ces légionnaires qui ont soumis le monde à la domination des empereurs.

En l'an 486 de notre ère, les troupes romaines commandées par Syagrius sont battues par Clovis dans les plaines de Soissons. La domination de Rome fait place à celle des Francs qui s'établissent sur les deux rives de la Somme. L'ancienne population gallo-romaine et la population franque conservent chacune leurs usages, et l'on se trouve en présence d'une double civilisation. Les antiquités romaines postérieures à la conquête franque offrent les mêmes caractères que sous les empereurs; les monnaies de l'empire continuent de circuler jusqu'au moment où la féodalité vien exercer le droit de monnayage. Au xii⁰ siècle, les tuiles à rebords couvrent encore les maisons comme au iv⁰. Les antiquités mérovingiennes, d'un caractère tout différent, consistent en armes, en bijoux, en vases de terre. On les trouve principalement dans les sépultures, car les Francs descendaient tout armés dans la tombe avec la framée*, petite lance dont ils se servaient de près comme d'une lance et de loin comme d'un javelot, avec la hache nommée francisque, avec l'épée large et longue, à deux tranchants. Les uns étaient inhumés sur un lit de gazon, dont les détritus mêlés à ceux du mort, forment au-dessous du squelette une couche de terreau noir ; les autres étaient inhumés dans des cercueils de pierre.

On rencontre dans notre arrondissement un assez grand nombre de sépultures mérovingiennes, mais il est difficile de les distinguer des sépultures carlovingiennes, car rien n'a été changé dans l'équipement à l'avénement des Francs avant le Xe siècle.

Des monnaies de la première race ont été trouvées sur divers points de notre territoire, entre autres à Crécy. Il existait dans ce bourg une *villa** royale, c'est-à-dire une de ces grandes fermes que les descendants de Clovis venaient habiter près des forêts du domaine pour se livrer au plaisir de la chasse. L'emplacement de cette *villa* est connu ; c'est là qu'en 659 l'un des hommes politiques les plus célèbres de la Gaule franque, Ebroïn, fit assassiner Leudesius, maire du palais de Neustrie, pour se mettre à sa place, et prendre cette importante fonction qu'il exerça en effet avec autant de cruauté que d'habileté.

Ce souvenir n'est point le seul qui se rattache chez nous à la période mérovingienne : un concile national fut tenu à Crécy en 675, et l'on rencontre encore, dans les villages voisins de ce bourg, des témoignages de l'administration mérovingienne. Ainsi le village de Regnière-Ecluse atteste par son étymologie latine l'existence d'un péage royal : *Ragnacarii*

sclusa, l'écluse de Ragnacaire, c'est-à-dire le barrage à
écluse que Ragnacaire avait établi sur le cours d'eau voisin,
pour lever un tribut sur les bateaux qui le fréquentaient.
C'est aussi de la période mérovingienne que datent quelques-
unes de nos abbayes. Il ne reste rien des constructions pri-
mitives de ces pieuses demeures ; elles ont été brûlées dix
fois pendant les invasions normandes, les guerres féodales et
les guerres étrangères, mais on les rebâtissait toujours, et,
comme le phénix, elles renaissaient de leurs cendres.

Des temps carlovingiens, nous avons seulement, Messieurs,
quelques fragments d'une mosaïque antique que Charlemagne avait fait venir d'Italie, pour orner le chœur de
l'abbaye de Centule, aujourd'hui Saint-Riquier, où son
gendre Angilbert avait pris le titre d'abbé, avec mission de
défendre le littoral du nord de la France contre les invasions
normandes. Les derniers vestiges de cette mosaïque ont été
disposés avec beaucoup de goût devant le maître-autel de
l'église du petit séminaire de Saint-Riquier ; une inscription
indique leur provenance. C'est aussi à la libéralité de
Charlemagne envers l'abbaye de Saint-Riquier qu'est dû le
magnifique évangéliaire aujourd'hui conservé à la bibliothèque
communale d'Abbeville. Il est écrit en lettres d'or sur vélin
pourpre et contient quatre miniatures représentant les évan-
gélistes. On peut le considérer comme l'un des monuments
les plus remarquables de la calligraphie et de la peinture du
VIIIe siècle. D'après une tradition conservée dans l'abbaye, il
a été donné aux moines en l'an 800, lorsque le glorieux empereur des Francs, *Charles à la barbe fleurie*, comme disent
les poètes du moyen-âge, vint y solenniser la fête de Pâques,
qui, cette année-là, tombait le 16 mars.

On peut encore rattacher, nous le pensons, à l'époque
carlovingienne les croix de pierre qui existent au milieu

des campagnes sur quelques points de notre arrondissement.

La première division de la Gaule en diocèses fut faite par Pépin-le-Bref, et les délimitations territoriales avaient été si exactement suivies d'après les indications géographiques, — rivières, vallées, montagnes, — qu'elle a subsisté jusqu'aujourd'hui, sauf quelques légers changements.

Après les diocèses sont venus les doyennés qui en étaient les subdivisions. Suivant quelques érudits, les croix de pierre auraient servi de bornes aux doyennés et elles auraient été posées par ordre de Charlemagne. Suivant d'autres érudits, elles se rattacheraient au droit d'asile. Vous savez, Messieurs, que l'Église, pour protéger les faibles, les serfs, les pauvres contre les violences, leur avait ouvert des refuges dans les temples et les monastères ; mais ces refuges n'existaient que dans les villes et les villages. Il fallait pourvoir dans la solitude des campagnes à la sécurité publique. Dans ce but, on éleva des croix le long des chemins, au milieu des champs. Tout individu menacé et poursuivi, en se plaçant auprès de ces croix ou en les touchant, devenait inviolable, et ses agresseurs étaient punis comme infracteurs de la paix publique. Je n'ai pas besoin d'ajouter que cette institution, excellente en soi, dans les temps de misère et d'oppression des bas siècles du moyen-âge, a donné lieu plus tard à de graves abus, et que ce droit avait fini par servir aux criminels ; le gouvernement de l'ancienne monarchie l'a restreint peu à peu, et dans les derniers temps il n'était plus qu'un souvenir.

Quoi qu'il en soit de ces deux opinions, entre lesquelles il est difficile de se prononcer, parce qu'elles sont toutes deux également plausibles, les croix de pierre sont des monuments qui remontent très loin. On en trouve sur la route de

2

grande communication d'Abbeville à Gamaches, à Bienfay, à Millencourt et sur d'autres points. L'une des plus remarquables est celle qui est connue sous le nom de *Croix qui corne*, commune de Cambron.

Aux souvenirs pacifiques de la religion se mêlent les souvenirs sanglants de la guerre et l'on peut appliquer à notre pays, à l'ancien comté de Ponthieu, ces vers d'un grand poète :

> Près de la borne où chaque Etat commence,
> Aucun épi n'est pur de sang humain.

Sur la route d'Abbeville à Eu se trouvent deux villages contigus: Franleu et Saucourt. Franleu, — le lieu des Francs, — *Francorum locus*, — était occupé en 881 par l'armée de Louis III, commandée par ce prince en personne. Les pirates normands, guidés par un traître, Isambard, seigneur de La Ferté-lès-Saint-Riquier, vinrent l'attaquer à l'improviste. En voyant l'ennemi s'approcher, Louis entonna un cantique et ses soldats lui répondirent en criant : *Kyrie eleison*. Le combat fut terrible; neuf mille Normands restèrent sur le champ de bataille dans la plaine de Saucourt, et les morts des vainqueurs furent enterrés à Miannay. Leur cimetière est traversé par la grande route un peu en avant de ce village, aux premières maisons qui se rencontrent en descendant sur la côte. Ils sont là pressés les uns à côté des autres, ayant chacun sa fosse particulière avec ses armes, son peigne à moustaches, sa pince à épiler, les plaques de son ceinturon ; quelques têtes portent la trace des coups de hache qu'elles ont reçus.

Avec la troisième race, un nouvel ordre de choses commence. L'avènement de Hugues-Capet n'est en apparence qu'un changement de personne; en réalité, il est la conséquence d'une lente transformation politique et sociale. L'architecture, le costume, les lois entrent pour ainsi dire dans une phase nouvelle.

Antérieurement au règne de Hugues-Capet, l'architecture religieuse avait déjà changé deux fois. Sous les Romains, elle offrait le type latin; sous les Carlovingiens le type byzantin*; à la fin du dixième siècle, elle prit le type roman*, caractérisé par ses colonnes massives, ses chapiteaux* ornés de feuillages et d'animaux fantastiques, sa simplicité et surtout ses voûtes et ses fenêtres à plein cintre. Nous n'en avons conservé qu'un seul spécimen sur la partie inférieure de la façade de l'église de Mareuil. On y remarque une colombe grossièrement faite qui est la représentation du Saint-Esprit.

Au type roman succède au xiii° siècle le type ogival*, dont la cathédrale d'Amiens est l'un des modèles les plus achevés. Ce qui distingue le type ogival c'est l'emploi de l'arc aigu dans la construction des voûtes et des fenêtres, ce qui permet de bâtir sur des vides de proportions illimitées en hauteur et de donner aux piliers* de support une légèreté merveilleuse. La science moderne a démontré que l'arc aigu est celui dont l'exécution est la plus simple, la stabilité la plus grande et la poussée la plus faible.

Au fur et à mesure que l'architecture ogivale se perfectionnait, que les piliers s'allongeaient, que les voûtes gagnaient en hardiesse, les ornements sculptés se multipliaient à l'infini. Ici, Messieurs, avant d'aller plus loin il est bon de dire ce que c'était qu'une église, quelle était la signification de sa structure et des figures dont elle était ornée; d'expliquer en quelques mots son symbolisme et les idées abstraites et religieuses qui s'y trouvaient représentées par des objets matériels.

La nef et les bas-côtés, qui sont trois et un, représentent la

Trinité. Le chœur représente le sanctuaire des temples juifs, ce qu'on appelait dans la terre d'Israël le *Saint des Saints* : c'est le séjour de Dieu. Les stalles figurent les sièges de la milice céleste, les Trônes, les Archanges, les Puissances : tout a une signification. Les marches du parvis élevées au-dessus du sol apprennent à l'homme que le séjour de Dieu est au-dessus de toutes les demeures humaines. La flèche, c'est l'élévation de l'âme qui se rapproche du ciel. Le coq qui surmonte le clocher, c'est le prédicateur qui fait entendre la parole de Dieu. Dans quelques grandes cathédrales, on ne compte pas moins de cinq à six mille statues, grandes et petites. Ces statues sont une leçon pour instruire, un sermon pour moraliser, un exemple pour édifier; elles représentent toute la science, tout le dogme chrétien, toute l'histoire de l'église et de l'humanité : c'est une encyclopédie de pierre à côté des encyclopédies écrites du moyen-âge, telles que le *Vergier de consolation*, le *Miroir universel*, l'*Image du monde*, le *Lucidaire*. Les vitraux coloriés ont le même but, et comme le dit un ancien écrivain ecclésiastique, « c'est un livre pour ceux qui ne savent pas lire. »

Sur les voussures* du portail, sur la façade, sont retracés la création, le jugement dernier, les miracles des saints et des Apôtres, les travaux des douze mois de l'année, des épisodes bibliques, des scènes qui rappellent les scandales des vices les plus honteux; le péché est figuré par des animaux réels ou fantastiques; l'aigle qui s'élève dans les airs jusqu'aux nuages figure l'ascension du Christ. Le rat qui détruit tout ce qu'il touche, c'est le diable qui cherche à dévorer les hommes. — *quærens quem devoret*. — Le poisson c'est l'emblème du chrétien ; pourquoi ? Parce que les premières lettres des cinq mots grecs qui désignent le Christ Sauveur, « *Jesous, christos, theou uios, soter*, » correspondent aux cinq lettres du mot latin *ichtus* qui signifie *poisson*. Ces analogies, — dont on pourrait citer des exemples sans nombre, — tiennent une grande place dans la littérature religieuse du moyen-âge et constituent ce que l'on appelle la *symbolique chrétienne.* Cette symbolique développe toutes ses fantaisies sur la cathédrale d'Amiens, mais notre arrondissement n'en offre que des diminutifs.

Du genre ogival, il nous reste un assez grand nombre d'églises, mais seulement des églises du xv° siècle, époque à laquelle ce genre, qui avait fleuri dans toute sa'splendeur au x111° siècle, subissait une transformation'et allait faire place au style de la Renaissance; je ne vous parlerai que des plus remarquables.

L'église actuelle de Saint-Riquier date du milieu du xv° siècle. — C'est une copie de la cathédrale d'Amiens, — mais une copie parfaite; elle se place avec les églises de Brou et de la Ferté-Bernard, au premier rang de tous les monuments religieux de dimension moyenne qui se rencontrent en France. On remarque sur le portail une statue de Jeanne d'Arc, et la présence de cette sainte et noble image s'explique par ce fait que Jeanne a été détenue dans l'une des tours du château de Drugy, près Saint-Riquier, après avoir été prise par les Anglais dans la fatale sortie de Compiègne. L'intérieur n'est pas moins remarquable que le portail. Au point de vue de l'architecture, c'est un chef-d'œuvre de proportion harmonieuse. Au point de vue de la curiosité archéologique et artistique c'est un musée. On y voit de très beaux bas-reliefs en marbre du xv° siècle, le tombeau du sire de la Gruthuyse, un admirable Christ en bois plus grand que nature dû au sculpteur Girardon ; un tableau de Jean Jouvenet, Louis XIV touchant les écrouelles, des tableaux de Lépicié, de Parrocel, une corbeille de fleurs en marbre blanc incrustée dans le maître-autel ; ces richesses sont dûes à M. d'Aligre, abbé commendataire, qui consacrait une grande fortune à orner le sanctuaire que Charlemagne avait illustré.

La sacristie renferme des peintures à fresque* du plus grand intérêt ; l'une représente une translation de reliques, l'autre une *danse macabre.* On donne ce nom à des scènes allégoriques dont la Mort est le principal personnage, tantôt sous la forme d'un squelette, tantôt sous la forme d'un cadavre animé ; les artistes du moyen-âge ont déployé dans ce genre de peinture une inépuisable fécondité d'imagination. Ici, la Mort, comme un ménétrier dans un bal, fait danser des squelettes en jouant d'une sorte de violon que l'on appelait rebecq. Tantôt elle entraîne dans une ronde funèbre le riche et le pauvre, le chevalier et le mendiant, l'enfant et le vieillard, le pape et l'empereur ; un cercueil sous le bras, elle fait cortège au roi qui s'avance dans tout l'appareil de sa majesté ; une bêche à la main, elle suit la jeune mariée qui va s'agenouiller devant l'autel, le sein paré du bouquet virginal. Ces allégories rappelaient aux hommes du moyen-âge, où l'inégalité était partout, leur égalité devant la tombe ; on retrouvait là l'enseignement symbolique de l'architecture et des vitraux. Parmi ces allégories funèbres, la fresque de Saint-Riquier est l'une des plus remarquables et des mieux conservées qui soient arrivées jusqu'à nous ; elle représente une chasse ; les chevaux des chasseurs sont lancés à toute vitesse, mais la Mort va plus vite qu'eux.

A côté de l'église de Saint-Riquier et dans des proportions beaucoup moindres, il faut citer la chapelle du Saint-Esprit de Rue, dernier débris d'une église bâtie au xve siècle sous le patronage d'Elisabeth de Portugal, femme du duc de

Bourgogne, Philippe-le-Bon. De merveilleuses légendes se rattachent à l'origine de cette chapelle. On racontait qu'en l'an 1000 un crucifix avait été trouvé sous les ruines de la porte du Golgotha, qu'il avait été placé sur une barque sans matelots, sans rames et sans voiles et que cette barque abandonnée à la merci des flots était venue aborder à Rue, le premier dimanche d'août 1001. Au bruit de cette traversée miraculeuse, des pèlerins étaient venus de tous les pays de la chrétienté. Une église fut élevée au lieu même où le crucifix avait pris terre ; d'illustres visiteurs vinrent tour à tour s'agenouiller devant lui. Ses pieds, — dit la légende, — furent usés par leurs baisers. Louis XI, qui n'avait point la conscience en repos, — et pour cause, — vint prier plusieurs fois dans ce sanctuaire vénéré. En 1480, il donna pour l'embellir, quatre mille écus d'or, — soixante quatre mille francs de notre monnaie. — En mémoire de ce bienfait, on célébrait chaque année à Rue une messe en musique dite la *Messe du Roi.* Il est facile de voir, d'après la splendide ornementation de la chapelle du Saint-Esprit, que les plus hauts personnages ont contribué à sa construction, car c'est une véritable dentelle de pierre qui peut rivaliser avec tout ce que le moyen-âge a produit de plus parfait.

Saint-Vulfran d'Abbeville, bâti en 1488, jouit dans le pays d'une grande réputation architecturale ; mais si grand que soit le patriotisme local, on est forcé de reconnaître que ce monument, fort respectable d'ailleurs, laisse beaucoup à désirer : la nef est trop élevée pour sa largeur et les bas-côtés ont trop peu d'élévation par rapport à la nef ; le portail seul et les tours sont dignes d'attention. On remarque : 1° sur le portail de l'un des bas-côtés une statue de la Vierge d'une très bonne exécution ; 2° sur le grand portail une espèce de lion qui tient un étendard et qui n'est autre qu'un de ces animaux fantastiques que l'on trouve souvent sur les cathédrales, sans qu'il soit possible d'établir avec certitude leur caractère. On y remarque aussi un petit navire sur le pont duquel sont des hommes qui se battent et une femme sans tête; cette représentation a été diversement interprétée et a donné, comme on dit, bien de la tablature à certains archéologues. Il est cependant bien facile de l'expliquer. C'est tout simplement le *vaisseau des fous* sur lequel l'allemand Sébastien Brandt a fait un livre publié en 1494 et qui a été traduit dans toutes les langues de l'Europe. L'auteur suppose que le vaisseau du monde est conduit par la folie; que la femme, sous l'inspiration de la folie, est le mobile de la plupart des actions humaines, et qu'après avoir introduit le péché dans le monde par la chute d'Adam, elle y sème la discorde; le petit bateau de l'église de Saint-Vulfran n'est donc qu'une illustration du livre de Séb. Brandt, illustration qui se retrouve d'ailleurs sur un grand nombre d'églises du xve siècle. A l'intérieur, Saint-Vulfran présente quelques bas-reliefs d'un vrai mérite. Les deux statues qui se trouvent dans le chœur à droite et à gauche du grand autel sont dues au ciseau d'un sculpteur allemand, M. de Pfaffen-Ofen qui s'était réfugié en France à la suite d'un duel où il avait tué son adversaire. Ces deux statues représentent, l'une S. Bernard sous les traits de D. Comeau, prieur de Valloires, l'autre S. Martin sous les traits de Mgr de la Motte, évêque d'Amiens.

Mais, ce qui frappe avant tout les étrangers à Saint-Vulfran, c'est un prétendu lézard empaillé qui se trouve à l'entrée du bas-côté à gauche. La légende populaire raconte que cet animal s'était creusé un séjour souterrain dans le cimetière de Saint-Vulfran, qu'il se nourrissait de cadavres et venait la nuit s'ébattre dans l'église. Les imaginations avaient beaucoup travaillé pour arriver à cette histoire fantastique, car ce redoutable animal n'est autre chose qu'un petit caïman offert en *ex-voto* par un marin d'Abbeville au retour d'un long voyage.

L'église du Saint-Sépulcre date, comme Saint-Vulfran, de la fin du xve siècle. Suivant une tradition que son nom même autorise à croire exacte, elle aurait été primitivement bâtie sur l'emplacement même où Godefroi de Bouillon a rassemblé son armée au moment du départ pour la première croisade en 1096. On y remarque, derrière le maître-autel, un très beau tableau de Hallé représentant la *Résurrection.*

Quelques églises de campagne méritent aussi d'être remarquées. Nous citerons celles d'Ailly-le-Haut-Clocher, de Moyenneville, du Crotoy où se trouve un magnifique retable*, de Longpré-les-Corps-Saints, moins pour son architecture que pour la célébrité de ses reliques rapportées de la Terre-Sainte, en 1126, par le chapelain d'Aléaume, seigneur de Fontaine.

Vous savez, Messieurs, qu'en fait de reliques il est permis d'y regarder à trois fois : la verge d'Aaron et le fragment du buisson de Moïse qui figuraient dans le Trésor de Longpré auraient donné matière à discussion au fameux Launoy, le *Dénicheur de Saints ;* mais ce qui est indiscutable, c'est la richesse et le précieux travail des reliquaires dont un petit nombre nous ont été conservés.

Vous aurez remarqué peut-être sur le pourtour extérieur de quelques-unes de nos églises de campagne des larges bandes peintes en noir: ce sont les litres* ou ceintures funèbres.

Il n'appartenait qu'aux seigneurs haut justiciers, aux fondateurs ou aux patrons des églises, de témoigner de leur noblesse par ces emblèmes d'un deuil perpétuel. On y plaçait leurs écussons et ceux de leurs alliances. Des messes annuelles, trimestrielles ou quotidiennes rappelaient leur souvenir longtemps après qu'ils avaient disparu de ce monde. C'était, en effet, le privilège de la noblesse de rendre ses morts toujours présents par des signes matériels. Seule avec le clergé, elle avait le droit de se faire inhumer dans les églises, d'y placer des pierres funéraires, d'y élever des tombeaux, et ces tombeaux étaient la biographie figurée de celui dont ils recouvraient les cendres.

Lorsque le défunt était mort en Terre-Sainte pendant une *croisade*, on le représentait les bras et les jambes *croisés*; lorsqu'il était mort en captivité, on recouvrait son cercueil d'une grille; lorsqu'il était mort en bon campagnard dans son château, on plaçait sous ses pieds un lévrier, emblème du plaisir de la chasse; enfin, lorsqu'il était mort dans une bataille en s'illustrant par quelque action d'éclat, on plaçait un lion à ses côtés.

Quant aux roturiers des campagnes, une simple croix de bois était assez pour eux; et l'on ne trouverait pas dans tous les cimetières de la France une seule tombe si modeste qu'elle fût, qui rappelle le souvenir d'un paysan mort il y a deux siècles.

Je ne vous parlerai point, Messieurs, des nombreux hôpitaux que renfermait le Ponthieu. Les anciennes constructions ont toutes été détruites par les guerres qui ont cent fois ravagé notre pays. Il me suffira de vous signaler, comme un témoignage des misères du passé, le *Val aux Lépreux*, commune de Laviers. Les murs d'enceinte subsistent encore en quelques parties, ainsi que la porte d'entrée, et l'on ne peut se défendre d'un sentiment de tristesse en songeant à l'existence qu'ont menée dans cette enceinte les malheureux attaqués de la lèpre. Ils étaient là comme dans une tombe anticipée; on avait dit sur eux l'office des morts; on les avait couverts d'un drap funéraire, et toutes relations avec les vivants leur étaient interdites. La charité chrétienne seule leur venait en aide ; quelques prêtres dévoués et quelques moines leur apportaient leur nourriture et osaient seuls affronter leur présence.

Pour en finir avec les ruines, il me reste, Messieurs, à vous parler des châteaux féodaux et des maisons où vivaient nos pères.

Charles-le-Chauve n'ayant point de ressources militaires suffisantes pour résister aux invasions normandes, autorisa les seigneurs à exécuter dans leurs domaines les travaux de défense qu'ils jugeraient nécessaires: c'est là l'origine du droit de forteresse que les nobles n'ont jamais cessé de réclamer pendant le cours du moyen-âge, et que les rois ont eu tant de peine à leur arracher.

Les premiers châteaux féodaux aux ixe et xe siècles n'étaient que de simples tours élevées sur des buttes et défendues par un petit fossé ; deux de ces buttes se voient à Laviers et à Fressennoville. Au fur et à mesure que la féodalité s'est développée, les châteaux se sont multipliés et si l'on en dressait la statistique pour notre arrondissement, on en trouverait, je n'en doute pas, au moins une cinquantaine. Antérieurement à la seconde moitié du xve siècle, ils étaient bâtis en pierre blanche, comme le château d'Eaucourt-sur-Somme, dont il reste encore quelques débris; leur forme était celle d'un carré ou d'un parallélogramme flanqué aux angles par quatres grosses tours et défendus sur les courtines par de petites tourelles, comme le château de Drugy bâti en 1272, où Jeanne d'Arc fut enfermée dans une tour, qui se voit encore aujourd'hui, avant d'être transférée au Crotoy et de là à Rouen.

A l'intérieur de l'enceinte se trouvait une grosse tour ronde ou carrée désignée sous le nom de donjon*; c'était là que la garnison se retirait lorsqu'elle était forcée dans ses premiers retranchements. Au sommet des tours et des courtines régnait une galerie qui surplombait sur les fossés; cette galerie était percée d'ouvertures appelées mâchicoulis*, par lesquelles les assiégés lançaient des pierres, de l'huile bouillante, des tisons enflammés ou tiraient des flèches sur les assaillants. Au-dessous des tours et à l'intérieur de l'enceinte étaient creusés des souterrains souvent à plusieurs étages, tels qu'on en voit encore au château de Marcuil; ils servaient de cuisines, d'écuries, de magasins pour les approvisionnements, de prisons. Parmi ces prisons, les unes étaient au niveau du sol, éclairées par des créneaux* percés dans l'épaisseur des murs; les autres, dites *oubliettes*, étaient creusées profondément sous la terre. On y descendait par une trappe et les malheureux qui s'y trouvaient renfermés n'y recevaient ni le jour, ni la lumière, ni aucun écho des bruits du monde : c'était la nuit et le silence éternels !

Ces oubliettes* existent encore au château de Rambures, qui est un des plus beaux spécimens de l'architecture militaire du xvᵉ siècle en France.

Il ne reste rien chez nous des maisons romaines, gallo-romaines et franques; leurs ruines sont sous la terre. La plus ancienne maison de notre arrondissement, et peut-être de toute la France, est à Abbeville dans l'impasse Barbafust qui aboutit au petit marché vis-à-vis Saint-Vulfran; c'est une maison de la fin du xiiᵉ siècle; elle est contemporaine de la charte de commune. Cette habitation est en pierre blanche, de style roman, mais par malheur elle a subi des réparations qui en ont altéré la physionomie.

L'emploi de la pierre dans les villes du moyen-âge formait

exception. La plupart des anciennes maisons d'Abbeville étaient en charpente. Les étages faisaient saillie sur la rue et quand il y eu avait plusieurs, ils surplombaient l'un sur l'autre. Les poutres et les frises* étaient ornées de statuettes de saints et de figures bizarres dites mascarons*. On en voit encore quelques beaux échantillons chez M. Macqueron, brasseur, et dans une maison du Pont-aux-Brouettes. Chez les gens riches, les cages des escaliers étaient en bois découpé; l'un de ces escaliers existe rue de la Tannerie, dans une vielle habitation bourgeoise où François Ier est descendu en 1527, lors de la signature du traité avec l'Angleterre.

Vous savez que le numérotage est d'invention moderne ; avant la Révolution, chaque maison avait un nom particulier, une sculpture qui la désignait au passant : c'était le *Vert Soufflet, la Truie qui file, le Chat qui pelotte, les Balances, la Haye.* Le souvenir des croisades s'est conservé dans *les trois Maures, le roi Louis, la Maison de Damas, la Croix rouge,* etc. ; mais ce qui distingue particulièrement les habitations du moyen-âge, ce sont des devises tirées des livres saints, des proverbes de la sagesse populaire : « faisons bien et laissons dire ; » — « pas de bien sans peine ; » — « rends le bien pour le mal, car Dieu te le commande. »

Vous verrez une de ces devises dans la rue de l'Hôtel-Dieu, à l'ancien bureau de poste et une autre au Musée de la Ville.

Elles nous montrent la différence de notre temps et du passé. Quel est le propriétaire qui songerait aujourd'hui à inscrire sur sa façade les préceptes de la sagesse chrétienne? On se demanderait sans doute à quoi cela peut servir; mais si l'on avait fait la même question à nos ancêtres, ils auraient répondu que ces mots sculptés sur les frises* servaient à rendre résigné le pauvre homme qui gagnait péniblement son pain, à rappeler qu'il faut non pas se loger richement, mais vivre avec honneur, et que l'humble demeure du pauvre aussi bien que le palais du riche n'est qu'une étape d'un jour sur la route qui mène à la tombe. Le moyen-âge n'avait pas la science, mais il avait l'idéal; il le portait dans le patriotisme, dans la littérature comme dans la foi, et cet idéal nous a donné Jeanne d'Arc, le miracle vivant de notre histoire; il a sauvé la France aux jours de grands dangers, et si les champs de Crécy nous rappellent l'une de nos plus sanglantes défaites, ils nous rappellent aussi que les défaites ne sont jamais restées sans vengeance et qu'aujourd'hui comme dans le passé la France se relève plus vite encore qu'elle ne tombe.

SECONDE CONFÉRENCE. (*)

MESDAMES ET MESSIEURS,

Dans notre précédente causerie nous nous sommes occupés de questions archéologiques. Nous avons fait comme ce vieux Caméronien de Walter Scott, qui passait sa vie à déchiffrer les noms inscrits sur des tombeaux ; aujourd'hui nous allons aborder d'autres sujets.

A quelle peuplade gauloise, à quelle subdivision de l'empire romain et de la Gaule franque, les habitants de ce pays ont-ils appartenu? A quelle époque la civilisation chrétienne a-t-elle brisé les autels des dieux impurs du paganisme? Par quelles institutions le Ponthieu était-il régi dans le passé? Tels sont les faits sur lesquels je vais appeler votre attention. Je ne pourrai que tracer les grandes lignes et marcher rapidement, car la route serait trop longue si je m'attardais aux détails.

A l'époque gauloise, notre arrondissement faisait partie du territoire des *Ambiens*, qui appartenaient à la race kymrique pure, l'une des trois grandes races de la Gaule. Après l'invasion romaine, les *Ambiens* sont administrés par des

---

(*) A cette conférence, outre les instituteurs laïques des deux cantons d'Abbeville et de ceux des chefs-lieux de cantons de l'arrondissement, ont aussi assisté les instituteurs et institutrices congréganistes d'Abbeville et des environs.

proconsuls qui exercent le pouvoir civil, militaire et judiciaire. On a peu de détails sur ces âges si loin de nous, et
la géographie ne commence à s'éclairer qu'au moment de la
conquête franque. Alkaire, fils du roi de Cambrai assassiné
par Clovis, obtient de Clotaire Ier le gouvernement des
régions riveraines de la mer, depuis la Seine jusqu'à
l'Escaut. Le territoire soumis à sa domination paraît pour
la première fois sous le nom de *Province du Ponthieu,*
— *Provincia Pontica.* — Le nom de Ponthieu s'applique
d'abord à une zone beaucoup plus étendue que notre arrondissement, et qui comprenait le *Boulonnais* et les territoires
où s'élèvent aujourd'hui *Doullens* et *Montreuil.*

Les limites du Ponthieu ont changé souvent à la suite des
guerres féodales, ou des traités passés par les rois avec
l'étranger ; elles ont toujours été en se rétrécissant, et dans
le siècle dernier elles se trouvaient réduites à l'arrondissement d'Abbeville et à quelques enclaves des arrondissements
de Montreuil et de Doullens.

Au viie siècle, le Ponthieu prit le nom de *Comté* qu'il a
toujours porté depuis, parce que sous les dynasties franques
il était administré par des comtes qui levaient les impôts,
rassemblaient les contingents militaires et rendaient la
justice dans des assises nommées *mallum*. Les comtes, à
cette date, étaient de simples fonctionnaires amovibles, et
ce n'est que plus tard que leur nom est devenu un titre
aristocratique. Ils avaient sous leurs ordres des *centeniers,*
qui présidaient à une circonscription territoriale équivalente
à nos cantons et nommée *centaine.* La partie qui correspond
à l'arrondissement d'Abbeville se divisait en *Pagus Vinema-
censis* — ou pays de Vimeu, — sur la rive gauche de la
Somme, et en *Pagus Pontivus,* — ou pays de Ponthieu, —
sur la rive droite. Ces deux pays, au xe siècle, étaient

couverts de forêts, mais déjà de nombreux défrichements y avaient ouvert de larges éclaircies. Le sol était renommé par sa fertilité ; les pâturages nourrissaient une grande quantité de bestiaux, surtout des bœufs que l'on employait aux labours.

On peut se faire une idée approximative de l'état de l'agriculture, sur les points les plus avancés en civilisation à la fin du ixᵉ siècle, par les redevances auxquelles étaient soumis les habitants de Saint-Riquier envers les moines, leurs seigneurs. Cette ville, en 881, comptait 2500 manses, c'est-à-dire 2500 maisons dont les propriétaires exploitaient chacun un petit domaine d'une contenance de douze ou quinze arpents. Chaque domaine payait annuellement à l'abbaye trois setiers de froment, d'avoine et de fèves, quatre poules et trente œufs, ce qui donne pour l'année 7,500 setiers de grains, 10,000 poules et 75,000 œufs.

La Somme, qu'un annaliste carlovingien appelle un *fleuve tiède*, abondant en poissons, coulait à pleins bords dans une partie de la vallée ; le flux remontait très loin ; vers 1230, il battait encore au pied des collines qui s'étendent d'Abbeville à Saint-Valery. L'embouchure formait un véritable bras de mer, assez vaste pour recevoir les mille vaisseaux de la flotte de Guillaume-le-Conquérant.

Rue, à la même date, était un port de mer, mais il s'est produit sur nos côtes le même phénomène que sur les côtes de la Provence : la mer a reculé comme à Aigues-Mortes, qui fut le port d'embarquement de saint Louis pour la Terre-Sainte et qui est aujourd'hui à vingt kilomètres dans les terres.

Antérieurement aux dernières années du viᵉ siècle, on ne sait rien des villes et des villages du Ponthieu, et leur histoire se confond avec celle des origines du christianisme.

Le Midi avait été converti par des apôtres grecs; le Nord le fut par des Irlandais. Vers l'an 600, S. Colomban quitte le monastère de Bancor, et vient prêcher la foi nouvelle dans nos contrées. Caïdoc, Fricor et Minifrid, dont nous avons fait S. Milford, secondent son apostolat. Leur parole éloquente séduit les populations et de nombreux disciples, au premier rang desquels se placent S. Riquier, l'apôtre du Ponthieu, S. Valery et S. Berchonde, les apôtres du Vimeu. Des monastères sont fondés à Centule, patrie de S. Riquier, à Leucone, patrie de S. Valery, et ces localités ne tardent pas à remplacer leur nom païen par le nom des saints auxquels elles ont donné naissance; ce fut leur baptême.

Dagobert Ier, Clovis II, Clotaire III accordent d'importantes franchises aux monastères du Ponthieu. Ils leur donnent des terres, placent les populations voisines sous la sauvegarde royale, et ces populations se portent en foule dans les domaines ecclésiastiques, parce qu'elles y trouvent, non seulement une condition plus douce que sur les terres de la noblesse franque, mais aussi des moyens d'instruction qu'elles auraient cherché vainement ailleurs sous les Mérovingiens. Le monastère de Saint-Valery avait des écoles très fréquentées, et l'on sait par l'antique auteur de la vie de ce saint, qu'il ne cessait de donner des conseils aux moines chargés de l'enseignement : « Il faut prendre, disait-il, les enfants par la douceur et s'en faire aimer; c'est le plus sûr moyen de les mieux instruire. » Ce sont là de bonnes paroles dont nous pouvons faire encore notre profit.

L'abbaye de Saint-Riquier avait reçu de nombreux bienfaits des Mérovingiens ; les bienfaits de Charlemagne l'enrichirent encore, et son histoire, écrite sur les documents mêmes des ix et xe siècles, par Hariulfe l'un de ses moines, nous apprend à quel degré de prospérité et de richesse elle était parvenue. Outre les redevances en argent et en nature qu'elle percevait sur ses tenanciers*, elle possédait en propre un grand nombre de villages et de bourgs aussi importants que des villes, dit Hariulfe ; elle en possédait même en Angleterre, mais les offrandes faites aux reliques de S. Riquier étaient de beaucoup le plus beau de ses revenus. Les pèlerins accouraient de toutes les contrées de l'Europe, et, d'après les indications des documents contemporains, on peut évaluer à 1,500,000 fr. par année la valeur des monnaies et des objets d'or ou d'argent offerts aux reliques placées dans une châsse d'or donnée par Charlemagne.

Sous les Carlovingiens, le catholicisme romain devient la religion de l'État ; l'alliance est scellée entre la papauté et l'empire. Pépin et Charlemagne organisent l'église comme une grande administration ; ils fixent la hiérarchie ecclésiastique du territoire de la Gaule franque, les diocèses, les subdivisions des diocèses, et l'ordre qu'ils ont établi a subsisté en grande partie jusqu'à nos jours.

Dans les deux derniers siècles, le comté de Ponthieu formait sous le titre d'archidiaconé une des subdivisions du diocèse d'Amiens, qui lui-même était suffragant de la métropole de Reims.

Sous les premiers Capétiens, l'archidiaconé était placé sous la juridiction spirituelle d'un prêtre, nommé archidiacre, qui avait droit de visite sur les paroisses, d'admonition et de correction sur les curés. L'archidiaconé se subdivisait en doyennés comme aujourd'hui. Au xviiie siècle, les doyennés s'élevaient à douze, comprenant trois cent trente-cinq paroisses. Les églises se partageaient en églises paroissiales et collégiales. Les églises collégiales étaient ainsi nommées parce qu'elles avaient un chapitre de

chanoines ; on en comptait quatre dans le Ponthieu :
S. Wulfran d'Abbeville, Longpré, Gamaches et Noyelles-
sur-Mer.

Le clergé était investi d'une double juridiction, l'une
féodale, en raison de ses propriétés foncières, l'autre spirituelle ; cette dernière était exercée par des prêtres nommés
d'abord *doyens de chrétienté*, et, au xiiie siècle, *officiaux*.
Ceux-ci prétendaient connaître juridiquement d'une foule de
matières civiles et criminelles : du mariage, parce que c'était
un sacrement ; des testaments, parce que le clergé ouvrait
aux moribonds les portes de l'autre vie ; du meurtre, du vol,
de l'incendie, en un mot, de tous les crimes, parce que
les crimes étaient des péchés. Cette prétention souleva dans
le Ponthieu de nombreux conflits entre l'Eglise, les juges
royaux et les magistrats des villes. Les rois, les parlements et la nation toute entière n'ont jamais cessé de la
combattre, et le clergé, de son côté, tout en cédant sur
bien des points, n'a jamais cessé, jusqu'aux derniers jours
de l'ancien régime, de réclamer des droits de juridiction sur
la société civile, pour des matières étrangères au dogme et
purement temporelles.

Je pourrais, Mesdames et Messieurs, vous donner bien
d'autres détails, vous parler des nombreux privilèges dont
jouissait le clergé du Ponthieu, des dîmes qu'il levait sur les
terres des paroisses et vous dire comment il les levait ; mais
comme je l'ai déjà dit, la route est longue, et j'arrive de
suite à l'institution qui a partagé pendant des siècles
l'empire du monde avec l'église ; j'ai nommé la féodalité.
Elle s'est abîmée avec l'ancienne monarchie dans l'ouragan
de la Révolution et n'a laissé pour épaves que les titres de
duc, de comte, de baron, qui avaient sous l'ancien régime
une véritable importance, parce qu'ils étaient attachés à la

grande propriété, à l'exercice du pouvoir public, à de hautes fonctions héréditaires et qui ne sont plus aujourd'hui qu'un souvenir des anciens temps, un véritable anachronisme, parce qu'ils ne répondent à aucune des réalités de la vie sociale.

Les bandes germaines qui ont envahi la Gaule s'attachaient à la fortune d'un chef ou roi. Elles partageaient avec lui les dépouilles du champ de bataille, le butin du pillage et s'engageaient à le suivre partout à la condition qu'il leur donnerait une partie des terres conquises. Cette convention fut exécutée de point en point dans la Gaule. Les princes francs, mérovingiens et carlovingiens, donnèrent à leurs guerriers, à titre de solde, et sous le nom de bénéfices*, une partie des terres des vaincus ; mais, à force de donner, ils se trouvèrent dépouillés ; et, comme le disait Louis V à la diète d'Ingelheim, il ne restait au dernier descendant de Charlemagne qu'une seule ville, celle de Laon, où il pût reposer sa tête.

En même temps que les bénéficiers se substituaient comme propriétaires à la couronne, les comtes, les centeniers et autres officiers royaux préposés à l'administration, s'emparaient dans leurs ressorts des attributs de la souveraineté, ce qui leur était facile, le pouvoir central n'étant plus qu'un souvenir. De cette double usurpation sont sortis à la fin du ixe siècle les principautés connues sous le nom de fief* et le pouvoir nouveau connu sous le nom de seigneurie. Mais en mémoire de la donation première, le fief, en quelque main qu'il passât, était toujours regardé comme tenu du roi, et par cela même les détenteurs des fiefs devaient au roi la foi* et l'hommage*. Tel est, réduit à sa plus simple expression, le point de départ du régime féodal.

Il y aurait, Mesdames et Messieurs, bien des choses intéressantes à dire sur les divers caractères des quatre-vingt-huit espèces de fiefs que l'on comptait en France, sur le rôle de la féodalité à l'égard des rois et de la roture, sur les conditions des terres et des personnes dans les domaines féodaux, sur les rapports qui unissaient entre eux les détenteurs des fiefs, mais ce serait refaire une des parties les plus considérables de notre histoire : dix conférences n'y suffiraient pas ; je me renfermerai donc dans le comté de Ponthieu ; mais, avant d'y arriver, il convient de donner quelques explications sur le caractère de la propriété foncière et sur le mot fief.

La terre, sous l'ancien régime, n'était point classée comme aujourd'hui, d'après sa force productive ; elle se divisait en terre noble, terre tenue en roture et franc-alleu. La terre noble était celle qui dépendait d'un fief et dont un autre fief dépendait ; la terre tenue en roture était celle qui dépendait d'un fief, mais dont aucun fief ne dépendait, et le franc-alleu, la terre libre qui ne dépendait que de Dieu.

Le mot fief vient du latin *feodum*, qui vient lui-même de deux mots tudesques : *fee*, qui signifie *foi*, et *od*, qui signifie *bien*, dans le sens de propriété foncière ; le fief était donc, suivant les termes consacrés au moyen-âge, *terra fidelitatis*, c'est-à-dire la terre cédée en échange de la fidélité promise à l'homme de qui on l'avait reçue.

On distinguait deux catégories de fiefs, le *fief servant* ou arrière-fief, et le *fief dominant*. On entendait par *fief servant* le domaine qui avait été détaché d'un autre par vente, cession, héritage ou mariage, et par *fief dominant* le domaine duquel le fief servant était sorti. Le concessionnaire du fief servant se nommait *vassal*, le propriétaire du fief dominant se nommait *suzerain*. Le plus souvent le même fief était tout à la fois dominant et servant, c'est-à-dire qu'il dépendait du domaine dont il était détaché, et qu'il tenait dans sa dépendance, — dans sa mouvance, comme on disait, — d'autres domaines qui étaient ses propres démembrements. Ainsi le comté de Ponthieu était fief servant des rois de France, parce qu'il relevait du domaine royal et fief dominant des domaines féodaux compris dans ses enclaves.

Le vassal et le suzerain, en vertu de la foi* et de l'hommage*, étaient liés par la réciprocité des services. Le vassal* devait au suzerain* le service de guerre, le service de plaids, c'est-à-dire qu'il siégeait comme juge dans les assises de la justice seigneuriale, et de plus il acquittait envers lui la taille* aux quatre cas ou aides légales, impôt obligatoire qui était perçu lorsque le suzerain armait son fils chevalier, qu'il partait pour la croisade, qu'il mariait sa fille aînée, ou qu'il était prisonnier de guerre, afin de l'aider à payer sa rançon. Le suzerain, à son tour, devait à son vassal aide et protection.

Au-dessous des suzerains et des vassaux qui formaient l'aristocratie militaire et terrienne, on trouvait au moyen-âge dans les fiefs une multitude obscure, les roturiers*, les uns serfs, qui appartenaient corps et biens aux seigneurs, et les autres de condition libre, mais qui, malgré leur liberté, restaient soumis vis-à-vis du seigneur à des redevances et à des services très divers. Ces redevances et ces services sont connus sous le nom de droits seigneuriaux ou féodaux.

Parmi ces droits les uns étaient légitimes, parce qu'ils représentaient le loyer de la terre concédée primitivement par les seigneurs ; les autres n'étaient rien que des exactions arbitrairement imposées dans les temps du servage et qui s'étaient perpétués longtemps après l'affranchissement des serfs*. Ils variaient d'un fief à l'autre ; les uns avaient un caractère purement fiscal, comme la *taille**, à laquelle étaient soumis tous les roturiers ; les autres, comme la *corvée**, portaient sur les personnes et le travail des bras.

Contrairement à l'opinion courante, d'après laquelle la féodalité n'aurait été que misères et oppression, bon nombre de seigneurs traitaient leurs tenanciers avec égards et adoucissaient dans une large mesure les charges féodales. Mais la bienveillance de quelques-uns ne compensait pas les instincts tyranniques du plus grand nombre, témoin le droit connu sous le nom de braconnage, de marquette*, qui outrageait ce qu'il y a de plus sacré dans la famille chrétienne, la pudeur de la femme et l'honneur de la mère : ce droit était exercé par le seigneur de Drucat.

Le nombre des fiefs était beaucoup plus grand dans le comté de Ponthieu que partout ailleurs. En 1698, on en comptait deux cent cinquante relevant directement de ce comté, et ceux-ci tenaient dans leur mouvance quatre cents arrière-fiefs, qui se subdivisaient eux-mêmes en une foule de petits fiefs dont quelques-uns comptaient à peine deux ou trois journaux. Tous les fiefs et arrière-fiefs n'étaient point possédés par des nobles. S. Louis avait donné aux roturiers* le droit d'en acquérir, dans le double but de favoriser le mouvement ascensionnel de la roture* et de permettre aux seigneurs de réaliser, par la vente de leurs biens, les fonds qui leur étaient nécessaires pour les expéditions en Terre-Sainte. Cette mesure provoqua un grand déplacement dans la propriété foncière. Les roturiers* de condition libre achetèrent un grand nombre de domaines fieffés ; et, dans les premières années du xiv⁰ siècle, la propriété foncière était déjà très morcelée, comme on peut le voir dans le registre terrier du comté de Ponthieu conservé à la Bibliothèque d'Abbeville.

L'Eglise qui était entrée par ses domaines fonciers dans le système féodal, jouissait au même titre que les seigneurs laïques des droits attachés à la terre, mais elle faisait généralement à ses tenanciers une condition plus douce que la noblesse militaire.

Dans le Ponthieu, plus peut-être que dans aucune autre province, les droits féodaux ont toujours été en s'adoucissant. Le servage y a disparu de très bonne heure, ce qui s'explique par ce fait qu'il a été, avec Laon, Beauvais et Vézelay, le berceau du mouvement communal. Toutes les villes, tous les villages n'avaient point de communes, il s'en faut de beaucoup ; mais il suffisait de quelques centres de liberté, où les populations non encore affranchies pouvaient trouver un asile, pour contenir l'oppression féodale.

La commune de Saint-Riquier, l'une des plus anciennes de la monarchie, date de 1126 ; celle d'Abbeville remonte à 1130, de Rue à 1190, d'Hiermont à 1192, de Noyelles, de Crécy à 1194 ; Waben, le Marquenterre, Ponthoiles, le Crotoy, Ergnies, Vismes, Port, Feuquières, Saint-Valery, Gamaches, Boismont, sont érigés en communes au xiiie siècle.

Durant un espace de deux cent cinquante-huit ans, c'est-à-dire de 1126 à 1384, trente-six communes ont été établies chez nous, les unes dans des localités qui avaient leur importance au point de vue commercial et maritime, telles que Saint-Valery, Rue, le Crotoy ; les autres dans de simples villages et même dans de très petits villages, tels qu'Ergnies et le Translay. Sur aucun autre point de la France, on n'en rencontre un plus grand nombre groupées sur un espace relativement plus restreint ; sur aucun autre point l'affranchissement n'a pénétré plus profondément dans les campagnes.

Les communes ne sont pas, comme on l'a dit longtemps, l'œuvre de Louis-le-Gros ; les plus anciennes ont été concédées par les seigneurs ; ces concessions seigneuriales ont une triple source. Les unes ont été arrachées par l'insurrection : c'est le plus petit nombre ; les autres ont été achetées par les roturiers* : les troisièmes, concédées à titre d'aumône, suivant la formule qui reparaît dans plusieurs chartes : « Moi, seigneur de *tel endroit*, je donne à titre d'aumône perpétuelle la liberté à mes hommes de corps pour le salut de mon âme et de celles de mes prédécesseurs... »

En affranchissant les communes, les seigneurs se réservaient partout un certain nombre de droits, et la liberté qu'ils accordaient était loin de répondre à l'idée que nous nous formons aujourd'hui de la liberté ; les conditions d'ailleurs changeaient suivant les lieux, mais partout les roturiers, qui faisaient partie de la commune, avaient le droit de travailler pour eux-mêmes, de disposer de leurs biens, d'hériter et de transmettre par héritage leur avoir à leurs parents ou à leurs enfants ; c'était un progrès considérable, en présence du servage qui attachait l'homme à la glèbe* comme une bête de somme et en faisait l'esclave de la terre.

Toutes les communes du Ponthieu n'étaient point placées au même niveau d'indépendance et d'autonomie ; mais celle d'Abbeville formait, en vertu de la charte de 1180 que vous avez vue à la Bibliothèque, une véritable république placée sous le protectorat et la surveillance de la royauté, vivant d'une vie propre et n'ayant avec le pouvoir central que des relations qui les fortifiaient l'un l'autre.

Comme les états modernes, Abbeville au xiiie siècle avait son budget dont les recettes s'élevaient en 1365 à 8,767 livres, soit au pouvoir actuel de l'argent 482,185 francs. Elle avait haute, moyenne et basse justice*; sa haute justice lui donnait le droit de glaive, c'est-à-dire le droit de tuer. Elle avait ses milices*, ses fortifications, qu'elle entretenait à ses frais, ses soixante-quatre corporations industrielles régies chacune par un code particulier, ses élections municipales par voie de suffrage universel à deux degrés.

Il est curieux, Mesdames et Messieurs, de voir fonctionner dans le passé ce gouvernement libre, qui, par malheur, a été toujours en s'affaiblissant en raison directe des progrès du pouvoir royal, mais qui a eu comme les communes de Flandre et d'Italie, ses jours de puissance et de grandeur.

Un grand historien l'a dit avec raison : Nos aïeux n'étaient point des bourgeois mous et gras. Les Abbevillois, les habitants de Saint-Riquier, de Saint-Valery, de Rue ont vécu sous le harnais de guerre, faisant le guet sur leurs murailles, harcelant l'ennemi qui courait les campagnes voisines, assiégeant à leurs frais les places qui tombaient aux mains des Anglais. Pendant les quatorze siècles de son existence, l'ancienne monarchie n'a pas compté trente années de paix consécutives; elle a trouvé nos ancêtres toujours prêts à combattre et à mourir quand ils ne pouvaient pas vaincre. Dans les champs glorieux de Bouvines, nos milices communales décident la victoire en rompant le redoutable bataillon de piquiers flamands contre lesquels se heurtait en vain la chevalerie française. La veille de la fatale journée de Crécy, les milices* d'Abbeville, commandées par le maire Pierre Lenganeur, repoussent l'arrière-garde d'Edouard, lui font des prisonniers et lui tuent cinq cents hommes. En 1369, les habitants d'Abbeville se révoltent contre la garnison anglaise; ils la refoulent dans la forteresse qui défendait l'une des portes; Châtillon, le grand-maître des arbalétriers de France, vient leur

prêter main-forte; la ville retombe sous la domination française, et, pour la récompenser de son courage et de son
dévouement, Charles V l'autorise à placer sur le champ de
ses armoiries* des fleurs de lis sans nombre, ce qui était alors
la plus haute distinction qu'une ville pût recevoir.

Ici, Mesdames et Messieurs, se place un épisode que Rome
et la Grèce antique nous eussent envié. Un bourgeois d'Abbeville, Ringois, fut pris par les Anglais pendant les trois
jours de bataille; il exerçait dans la ville une grande
influence; l'ennemi voulut l'exploiter pour se ménager des
partisans dans la cité: on le conduisit chargé de chaînes
sur la plate-forme de l'une des tours du château de Douvres.
« Prêtez serment à Edouard III, » lui disent les Anglais,
« et jurez de le servir. — Je ne prête serment qu'au roi de
France, » répondit Ringois, « et je ne sers que lui. » — On
le suspendit sur l'abîme en le menaçant de le précipiter dans
les flots qui venaient battre le pied de la tour; il ne fléchit
pas et fut lancé dans la mer. Quelques esprits envieux de
toutes les gloires ont répété, lorsqu'il fut question d'élever
une statue à Ringois, que sa mort héroïque était une vieille
légende rajeunie par mon père. Les documents du temps ont
répondu à cette ineptie. M. de Poly, ancien sous-préfet
d'Abbeville, a retrouvé l'acte authentique par lequel Charles V
a protesté vis-à-vis d'Edouard III contre le martyr du
citoyen d'Abbeville, mais ce héros du patriotisme attend
toujours sa statue.

Pendant le siège de Calais, qui suivit la bataille de Crécy,
deux marins d'Abbeville, Marant et Mestriel, ont vingt fois
joué leur vie en forçant le blocus pour ravitailler la vaillante
cité; l'historien Froissart a sauvé leurs noms de l'oubli, et il
constate que malgré la supériorité de la flotte ennemie, « *ils*
« *ont fait mourir et noyer maints Anglais.* »

Ce n'est point Abbeville seulement qui a noblement payé sa dette à la France. Sous François Ier, les habitants de Saint-Riquier se portent sur les remparts pour repousser les Impériaux qui les attaquaient avec des canons; les femmes prennent part à la défense; l'une d'elles, Becquétoille, est la première à batailler. Tous tiennent à honneur de suivre son exemple; l'ennemi se retire en laissant plus de cent morts dans les fossés et en emmenant des charrettes remplies de blessés.

En 1636, les Espagnols pillent et brûlent Crécy; les habitants se retranchent dans l'église et opposent une résistance désespérée; l'ennemi se retire, mais ils se portent en toute hâte par des chemins détournés dans des bois qui bordaient la route, l'attaquent à l'improviste, le mettent en fuite et lui reprennent le butin qu'il avait fait dans leur bourg.

Les milices communales, composées de gens de boutiques, ne voulaient pas laisser à la noblesse seule le soin de défendre la patrie; elles rivalisaient de bravoure avec elle, et quand l'invasion étrangère pénétrait dans le royaume, elles oubliaient leurs vieilles inimitiés, et leurs bannières marchaient à côté du pennon des chevaliers.

Ordinairement c'était le maire, — le mayeur comme on disait autrefois, — qui les commandait. Ce mayeur était à Abbeville un personnage très important et très respecté, à la fois chef militaire, grand juge et administrateur, président, — pour parler le langage moderne, — du corps de ville, qui était composé de vingt-quatre échevins renouvelables tous les ans par voie d'élection, le jour de la Saint-Simon-Saint-Jude. Chacun de ces échevins avait des attributions distinctes. Les uns étaient chargés de la voierie, de la police des vivres et même de la surveillance des tripes dont on faisait alors une grande consommation; les autres étaient chargés

des fortifications, des finances, de la répression du vaga-
bondage.

Les juges municipaux s'assemblaient toutes les semaines
pour connaître des causes civiles et criminelles. Etrangers la
plupart à la science du droit, ils jugeaient d'après l'équité
naturelle et la coutume. Un certain nombre de leurs arrêts
ont été conservés dans des registres connus sous les noms
de *Livre rouge* et *Livre blanc*, déposés à la Bibliothèque
d'Abbeville. Ces registres donnent une idée très exacte de la
jurisprudence locale, de la seconde moitié du xiiie siècle au
xvie inclusivement, époque à laquelle ils s'arrêtent, la justice
royale ayant remplacé partout à cette date les justices seigneuriales et municipales, sauf pour les causes mineures.

En vertu de leur haute justice, les magistrats municipaux
d'Abbeville connaissaient de tous les crimes qui sont aujour-
d'hui du ressort de la cour d'assises; ils assimilaient aux
crimes et punissaient de mort certains délits qui n'entraînent
maintenant que des peines correctionnelles. Ils n'admet-
taient point de circonstances atténuantes, condamnaient
quelquefois sur un simple soupçon, et jugeaient sommaire-
ment, sans aucune des formalités suivies dans nos tribunaux.
Leur juridiction, toute rudimentaire qu'elle fût, présentait du
moins aux accusés des garanties qui ne se rencontraient pas
dans les sièges royaux, y compris les parlements. Là,
on avait emprunté à l'inquisition la procédure secrète;
à Abbeville au contraire les audiences étaient publiques et
la défense entièrement libre. Mais ces avantages ne compen-
saient pas la cruauté des supplices et l'excessive rigueur des
châtiments qui allaient jusqu'à punir de mort le vol sans
effraction et sans violence; il suffisait de voler, sur le
marché d'Abbeville, quelques boisseaux d'avoine pour être
pendu.

En fait de supplices, les magistrats municipaux à Abbeville, à Rue, à Noyelles, à Ergnies et dans les autres communes hautes justicières, n'avaient que l'embarras du choix ; on pendait, on tranchait la tête, on brûlait, on enfouissait les condamnés tout vifs : l'enfouissement était plus particulièrement appliqué à l'infanticide et à la fausse monnaie.

Aux crimes qui n'emportaient pas la mort, on appliquait :

1° La section du poing, des pieds, des lèvres, du nez, des oreilles, mais le condamné pouvait se racheter de la mutilation, moyennant une somme plus ou moins forte ; il était tenu, en cas de rachat, de remettre aux officiers de la commune l'effigie en cire du membre qui devait être coupé.

2° L'abatis des maisons jusqu'au niveau du sol, sans qu'il fût permis de les reconstruire ; mais on s'aperçut que cet usage *enlaidissait la ville*, et le rachat des maisons fut autorisé comme celui des membres.

3° Le bannissement à temps ou à perpétuité, en dehors de la commune et de la banlieue.

L'exécution des arrêts de la justice municipale était accompagné de formalités bizarres. Lorsqu'on pendait un individu, quelques instants avant de le lancer dans l'éternité, le maire s'approchait de lui et lui disait paternellement : « Mon ami ! tu es condamné pour tes méfaits à être pendu par le cou ! » et ce n'était pas un pléonasme, attendu que l'on pendait quelquefois par les pieds, la tête en bas, jusqu'à ce que la mort s'en suivît. Lorsqu'on bannissait, les magistrats municipaux à cheval conduisaient le banni à l'extrémité de la banlieue ; ils lui donnaient deux œufs et un morceau de pain ; quand le bannissement était perpétuel, ils l'avertissaient qu'il serait mis à mort s'il rentrait dans la ville.

Les exécutions capitales avaient lieu le soir, à la lueur des torches; la cloche du beffroi sonnait à toute volée, et quand le bourreau avait fait sa besogne, on accrochait les pendus aux fourches patibulaires, où ils pourrissaient à la vue des passants, pour servir d'exemple. La tête des décapités était placée sur une pique à l'une des portes de la ville.

Ce n'était pas seulement les hommes qui tombaient sous le coup de la justice municipale, mais aussi les animaux eux-mêmes. Une tradition, qui remonte à la plus haute antiquité, leur attribuait un instinct égal, quelquefois même supérieur à la raison humaine. On les considérait comme des êtres moraux et perfectibles ; il était par cela même tout naturel qu'on en fît des êtres responsables. Cette tradition avait pris une autorité si grande qu'au xviie siècle encore, un jurisconsulte publia un livre latin sur les péchés commis par les brutes : *De peccatis brutorum*. Après les avoir complètement assimilées aux hommes dans la légende, la poésie, les monuments, les arts, il était logique qu'on les mît dans la jurisprudence au même niveau.

L'échevinage d'Abbeville suivit le courant. En 1323 et en 1414 il fit pendre des pourceaux qui avaient mangé le visage d'un enfant. Pour ces singuliers coupables, tout se passait dans les formes de la justice ordinaire; ils étaient arrêtés, emprisonnés, jugés solennellement et conduits au supplice dans une charrette, sous l'escorte des agents de police.

Il faut reconnaître d'ailleurs que les magistrats d'Abbeville se sont montrés plus raisonnables que ceux de certains autres lieux, qui mettaient en jugement des andouilles et des morceaux de boudin.

L'honneur des magistrats municipaux et l'ordre public étaient sévèrement sauvegardés dans les communes du Ponthieu. En 1309, un individu d'Ergnies se permet de dire à un échevin de cette localité : « Vous avez la gueule mauvaise et envenimée; vous attentez aux droits de vos seigneurs. » Sa maison est abattue et il est banni sans pouvoir rentrer à Ergnies, autrement qu'après avoir obtenu le pardon des magistrats municipaux.

En 1358, un habitant d'Abbeville, un communard du XIVe siècle, est convaincu d'avoir dit qu'il n'avait qu'à lever le doigt pour faire disparaître tous les riches de la ville, et qu'en se débarrassant du maire et de sept ou huit autres personnes, tous les habitants seraient égaux; on lui coupe la tête et son corps décapité est attaché au pilori.

Si prompts qu'ils fussent à réprimer le désordre ou les paroles « sentant commotion de peuple, » les magistrats municipaux du Ponthieu ne prêchaient pas toujours d'exemple. Placés en face de la féodalité ecclésiastique et laïque, ils soutenaient souvent des luttes violentes contre les seigneurs qui avaient des fiefs dans leur ville ou qui prétendaient leur disputer quelques-uns de leurs droits. En 1126, au moment même où ils viennent d'être affranchis, les habitants de Saint-Riquier veulent enlever à l'abbaye la taille* pour l'armée du roi, les droits de mesurage*, et soumettre aux impôts et aux corvées* de la commune les hommes de corps des religieux. Il y eut des troubles graves, et Louis-le-Gros vint deux fois à Saint-Riquier pour les apaiser. En 1264, les habitants de la même ville, le jour de l'ouverture de la foire du *Lendit*, pour se moquer des processions que faisaient les religieux, placèrent un chat mort dans une châsse semblable à celle qui renfermait le corps de saint Riquier, et un os de cheval qui figurait l'os du bras de saint Vigor, que les moines promenaient aussi par les rues. *Ils portèrent ces deux choses abusives par la ville en forme de procession, présents le maïeur et les écherins d'icelle ville a che consentans, donnans à ce*

*conseil aide et faveur au détriment de toute l'église univer-
selle.* Le pape Urbain IV lança l'excommunication contre
Saint-Riquier.

En 1232, des désordres du même genre se produisirent à
Saint-Valery, ainsi qu'il est dit dans une bulle du pape
Grégoire IX, dont voici un extrait textuel. « L'abbé,
voulant éviter que des mains sacrilèges ne profanassent
les choses saintes, fit faire par ces moines une procession
solennelle à l'église paroissiale de Saint-Martin, qui est
située dans ladite ville, afin d'en rapporter aussi révérencieu-
sement que faire se doit, le viatique de notre salut, le
chrême et l'huile sainte. Le mayeur et les jurés, après avoir
sonné la cloche, se précipitèrent sur les moines avec des
épées et des fouets, les refoulèrent dans la maison du curé
de l'église Saint-Martin, et entassèrent aux fenêtres et aux
portes une grande quantité de bois, afin qu'aucun des moines ne pût entrer ou sortir. Ils les tinrent ainsi renfermés
pendant trois jours en leur refusant des vivres; et déjà les
moines étaient menacés d'une mort cruelle, lorsque, oubliant
toute compassion, — nous ne pouvons rapporter ce fait sans
frémir, — ils leur présentèrent une boisson amère et horrible,
c'est-à-dire de l'urine. Après avoir commis toutes ces infa-
mies, le mayeur et les jurés, non contents de se conduire
comme des vagabonds, mais voulant encore se montrer héré-
tiques, firent, après s'être adjoints quelques hommes qui
s'étaient réunis à eux par la suggestion de Satan, une espèce
de procession autour de la paroisse susdite. Ils se donnèrent
à eux-mêmes des fonctions et des titres ecclésiastiques; et,
comme des fous, en poussant de grands cris, et en se mo-
quant du Créateur de toutes choses et de la cour céleste, ils
aspergèrent les lieux consacrés de l'eau de malédiction. Il y
a plus : pour montrer par les actes les plus coupables, com-

bien était grande leur perfidie, ils réduisirent en cendres les portes de l'église susdite, et, se passant de main en main l'image vénérable de la glorieuse mère de Dieu, ils la présentèrent à la flamme, et ils disaient des choses misérables de la mère du fils de Dieu. Un enfant de la même ville étant mort, deux laïcs excommuniés, qui faisaient partie de la commune, prirent l'un le titre de prieur, l'autre le titre de prévôt, et, pour outrager les moines, ils revêtirent des étoles de paille, prirent dans leurs mains une eau de malédiction, comme si cette eau eût été bénite, et, en présence d'une grande foule, ils donnèrent à l'enfant la sépulture ecclésiastique. Si toutes ces choses sont conformes à la vérité, certes, quoique nous manquions de témoins, des hommes aussi coupables sont d'abominables précurseurs de l'Antéchrist. »

A la suite de ces désordres, la commune fut abolie par Robert, comte de Dreux, seigneur de la ville, sur la demande du pape, et rétablie seulement en 1376 par Jean d'Artois, seigneur de la même ville.

Que reste-t-il aujourd'hui des communes du Ponthieu et de leurs anciennes libertés ? Il en reste quelques parchemins enfouis dans les archives, quelques sceaux, ceux d'Abbeville, d'Ergnies, de Saint-Valéry, et trois beffrois : celui d'Abbeville tel que vous le voyez encore aujourd'hui dans la cour de la mairie, qui fut bâti en 1209, et ceux de Rue et de Saint-Riquier. Ces vieilles tours, encore debout, étaient pour nos communes ce que le Capitole était pour Rome.

Pour terminer cette causerie, il me reste, Mesdames et Messieurs, à vous parler de la législation en vigueur dans le Ponthieu aux diverses époques de son histoire.

Sous la domination romaine, le Ponthieu, comme les

autres contrées de la Gaule, suit les lois des empereurs, telles qu'elles sont formulées dans le code Théodosien.

Sous la domination franque, la population gallo-romaine reste soumise à ce code; les tribus germaniques établies sur les bords de la Somme sont régies par la loi salique rédigée en latin entre les années 480 et 486. On trouvait donc dans le Ponthieu, comme partout ailleurs, deux droits distincts: le droit romain pour la population indigène, le droit germanique pour la population conquérante.

Déjà, à la fin du viii* siècle la loi salique et le code Théodosien ne répondaient plus aux besoins d'une société où, suivant la belle expression du pape saint Grégoire-le-Grand, « étaient broyés les tristes restes du genre humain battus par tous les fléaux de Dieu. » Les races juxtaposées par la conquête commençaient à se fusionner. Charlemagne, tout en confirmant la loi salique, tout en laissant les Gallo-Romains suivre la loi romaine, qu'il appelait *la mère des lois*, promulgua sous le nom de *Capitulaires* des ordonnances générales exécutoires dans tout l'empire, et applicables à tous les sujets, sans distinction de race. Cette triple législation tomba rapidement en désuétude, sauf le code Théodosien qui se maintint dans le midi de la France. Le Ponthieu, comme les autres régions du Nord, n'avait plus, au commencement du xi* siècle, que des coutumes, c'est-à-dire des usages locaux, qui se transmettaient par la tradition orale; de personnel qu'il était, sous les deux premières races, le droit était devenu territorial.

Les ordonnances royales, dira-t-on peut-être, n'étaient-elles point là pour régir le royaume? Sans doute, les premiers Capétiens ont légiféré, mais leurs lois sont très peu nombreuses; elles ne portent que sur des questions spéciales et restreintes. Elles ne pouvaient être appliquées dans les fiefs* sans le consentement des vassaux*, et il faut arriver au-delà du règne de Louis XI pour qu'elles aient partout force de loi en dehors du domaine royal; elles ne donnaient d'ailleurs aux intérêts des individus qu'une satisfaction incomplète, parce qu'elles s'occupaient avant tout des impôts, de l'organisation administrative, judiciaire et militaire, et ne consacraient au droit civil que quelques articles. Or, le droit civil c'est la vie de chaque jour, c'est le mariage, la condition respective des époux, la propriété, l'hérédité, l'avenir des enfants; sur ces grands et difficiles objets, tout était livré à l'incertitude de la mémoire des hommes. Lorsqu'il se présentait un cas litigieux, le juge convoquait les habitants des lieux; il procédait à une enquête par *turbes*, c'est-à-dire qu'il demandait à la multitude assemblée devant lui comment on avait jugé autrefois dans des circonstances semblables. Parmi les habitants, les uns parlaient dans un sens, les autres dans le sens contraire. Les officiers de justice ne savaient à quelle opinion s'arrêter; sous les Capétiens directs, ils ordonnaient le duel judiciaire pour se tirer d'embarras et remplaçaient la justice par les décisions aveugles de la force et du hasard. Quelques seigneurs, plus éclairés, avaient fait mettre par écrit les usages de leurs fiefs, mais ce n'était là qu'une rare exception; et, dans la première moitié du XVe siècle, la procédure par *turbes* était encore en pleine vigueur dans le nord de la France. Les états-généraux protestèrent à diverses reprises contre un état de choses aussi contraire à la raison qu'aux intérêts publics, et Charles VII, en 1453, ordonna que toutes les coutumes fussent révisées et mises par écrit. L'acte royal qui provoqua cette mesure marque une date mémorable dans l'histoire de notre pays. La révision et la rédaction firent disparaître une foule d'abus, mais les réformes marchaient si lentement sous l'ancienne monarchie que le travail commencé sous Charles VII était à peine terminé sous Henri IV.

Le Ponthieu, au début du xii° siècle, s'était placé à la tête du mouvement communal; à la fin du xv° siècle il donna de nouveau l'exemple du progrès, et sa coutume est la première de toutes celles de la France qui ait été réformée et rédigée par écrit, en 1494; elle contient cent quatre-vingt-deux articles rangés sans aucune espèce d'ordre. Outre les matières de droit civil, elle règle les redevances féodales, les poursuites criminelles; quelques-unes de ses dispositions rappellent la loi salique, et se rapprochent du vieux droit des Germains, particulièrement dans la partie qui traite des successions et de la condition des femmes dans le mariage. On en trouvera dans l'*Histoire* de mon père une analyse exacte. Mentionnons seulement les articles qui concernent le droit de primogéniture, c'est-à-dire le droit d'aînesse*. Ce droit avait pour but de maintenir l'intégrité du fief. Il était donc d'origine féodale; mais dans le Ponthieu il s'appliquait à la noblesse aussi bien qu'à la roture, aux biens nobles comme aux biens roturiers. Il n'entraînait pas comme on le croit généralement l'exhérédation complète du puiné. L'aîné ne prenait pas tous les biens, mais il en prenait la plus grande partie. « Est-il tolérable, sous le régime de la coutume de Ponthieu, — dit un jurisconsulte du xviii° siècle, — que dans une maison de dix mille livres de rentes, l'aîné de dix enfants, ait huit mille livres de revenu en propriété actuelle, les neuf autres puinés deux mille livres viagères entre eux ? Est-ce assez d'y ajouter un quint héréditaire, qui, en restreignant le revenu actuel de l'aîné, lui laissera six mille quatre cents livres, tandis que de la manière dont se fournissent les quints héréditaires et viagers, chaque cadet n'aura que deux cent vingt-deux livres quatre sous de propriété, et cent soixante-six livres treize sous quatre deniers viagèrement ?

La coutume du Ponthieu était suivie dans tout le comté ; mais dans ce comté, comme partout ailleurs, il existait des coutumes locales moins développées qui ne traitaient qu'un petit nombre de matières.

Abbeville, Gamaches, Rue, le Marquenterre, Saint-Riquier et une foule de villages avaient leurs coutumes, et quelquefois même elles en avaient plusieurs, les unes féodales, les autres municipales. Ainsi on en trouvait cinq à Saint-Riquier : les coutumes de la prévôté, du fief de Saint-Riquier, de la châtellenie* de la Ferté, du temporel de l'abbaye, de la ville et échevinage de Saint-Riquier.

C'était un inextricable enchevêtrement qui donnait lieu à de continuels procès. Dans le même village, des maisons qui avaient cour et enclos contigus, relevaient pour le corps de logis de la coutume du village, et pour la cour et les enclos du village voisin. Le droit se morcelait comme les zones coutumières. Les meubles étaient généralement régis par la coutume du domicile, les immeubles par celle du lieu où ils étaient situés. Ce qui était meuble dans la coutume générale était immeuble dans la coutume locale. Il fallait souvent dans le même contrat régler les conventions d'après deux ou trois coutumes différentes, et surtout s'assurer bien exactement que ce contrat ne contenait rien de contraire à celle du lieu où il avait été écrit. Les circonscriptions étaient si confusément tracées qu'il arrivait souvent que les notaires dressaient leurs actes en pleine campagne sur des terres dont ils connaissaient le ressort ; ils y faisaient même porter des moribonds pour garantir la validité des testaments signés *in extremis*. Le cadre étroit des coutumes rendait les lois très nombreuses sur des matières qui se présentaient

tous les jours. Pour fixer le point de droit qu'elles ne déci-
daient pas, il fallait recourir aux coutumes des provinces
voisines, les compléter l'une par l'autre, et quand on ne l'y
trouvait pas, on le tirait par déduction du droit romain, de
l'esprit général du droit coutumier, et de l'esprit de la coutume de Paris. Les choses se passaient encore ainsi dans le
Ponthieu à la veille de la Révolution.

Les coutumes, y compris celles du Ponthieu, sont loin de
répondre à l'idée que nous nous formons aujourd'hui de la
législation qui doit régir un grand pays. A première vue,
elles offrent l'image du chaos, mais quand on les étudie dans
le détail, quand on rapproche les unes des autres leurs
dispositions relatives à un même objet, quand on retranche
tout ce qui se rattache au monde à jamais fini de l'ancien
régime, on y trouve dispersés en cent localités différentes
tous les éléments qui ont formé le grand corps de la jurisprudence française.

Vous voyez, Mesdames et Messieurs, par ce qui vient
d'être dit, quel abîme nous sépare de l'ancien régime, et
quelles vicissitudes ont traversé nos institutions. Enfermé
dans le cadre étroit d'une petite province, je n'ai pu vous
donner que des détails bien incomplets sur le caractère général de ces institutions ; mais cette petite province était un
abrégé du royaume, un *microcosme*, comme on disait au
moyen-âge, et l'on peut tirer de son histoire un grand enseignement politique et social. Suivez en effet depuis
l'époque romaine la marche progressive de la civilisation ;
vous constaterez que, malgré les malheurs des temps, les
ravages des invasions, les guerres féodales et les guerres
étrangères, notre chère et glorieuse patrie n'a jamais cessé
de grandir à chaque règne et de progresser vers l'égalité
civile.

LEXIQUE.

Aînesse (Droit d'). — Privilége accordé à l'aîné des enfants mâles dans la succession des biens de son père ou de sa mère, et qui ne laissait guère au puîné que l'épée ou l'église ; les filles, exclues aussi en grande partie de l'héritage féodal, n'avaient souvent d'autre ressource que le couvent ou le chapitre noble.

Amphore. — Vase en terre cuite muni de deux anses utilisé par les Grecs et les Romains et servant à renfermer l'eau, le vin, l'huile, etc.

Arabesques. — Ornements d'architecture composés d'un mélange de fruits, de fleurs, de figures d'hommes et d'animaux, véritables ou imaginaires ; empruntés aux Arabes, ces ornements furent surtout employés par la Renaissance.

Armoiries. — Terme de blason, indiquant les emblèmes de la noblesse accordées ou autorisées par le pouvoir souverain, pour servir à la distinction des familles, des sociétés, des villes, etc.

Asile (Droit d'). — Ce droit qui remontait à l'empire romain fut consacré par le concile d'Orléans en 511 ; les voleurs, les homicides, les adultères qui se réfugiaient dans les églises ne pouvaient en être arrachés.

Bénéfice. — Nom que portait la terre donnée par les rois ou les chefs militaires à leurs compagnons d'armes, en récompense de leurs services.

Bizantin (Type). — Le nom d'architecture bizantine est donné au style latin primitif combiné avec le style grec dégénéré ; la première période de ce style s'étend de Constantin au vi° siècle ; la seconde du vi° au x° siècle et la trosième du x° au xii° siècle.

Chapiteau. — Partie supérieure d'une colonne.

Châtellenie. — Etendue du territoire soumis à la juridiction d'un seigneur ayant château-fort, droit de haute, moyenne et basse justice, etc.

Corvée. — Le nom de *corvées* était donné aux services de corps ou redevances auxquels étaient astreints les habitants de certaines terres ; les *corvées* ont été abolies dans la nuit du 4 août 1789.

Courtine. — Partie du mur d'enceinte comprise entre deux tours et surmontée d'un chemin de ronde.

Créneau. — Ouverture pratiquée au sommet des murs ou des tours, destinée à lancer des projectiles.

Donjon. — Tour principale d'un château ; elle était isolée et l'on y renfermait le trésor, les archives et les objets précieux.

Fief. — Terre concédée par un seigneur dominant à un vassal.

Fioles lacrymatoires. — Petits vases de terre ou de verre que l'on trouve dans les tombeaux des anciens, et qui ont servi à recueillir les larmes des parents ou des pleureuses.

Foi. — Serment de fidélité que le vassal faisait à son suzerain ; il était distinct de l'hommage.

Framée ou *Francisque.* — Arme à deux tranchants employée pour les Francs ; ils s'en servaient de près ou de loin.

Francisque. — Voir Framée.

Frise. — Partie de l'entablement qui se trouve entre l'architrave et la corniche.

Glèbe. — Ce mot signifiait autrefois terre, fonds, héritage.

Hommage. — Cérémonie dans laquelle le vassal prêtait serment à son suzerain ; il était de deux sortes : l'*hommage franc* et l'*hommage lige* ; dans le premier cas, le vassal se tenait debout et la main sur l'Évangile ; dans le second cas, il comparaissait la tête nue, un genou en terre et les mains jointes.

Justice (Droit de). — Il y avait trois sortes de justice appartenant aux seigneurs ; la basse, la moyenne et la haute justice.— La *basse justice* connaissait de la police, des dégâts commis par les [...] les injures légères et d'autres délits qui ne pouvaient être punis d'une amende de plus de dix sous parisis. — La *moyenne justice* donnait le droit de connaître des délits qui ne pouvaient être punis de plus de soixante-quinze sous d'amende. — La *haute justice*, qui donnait tous les droits de basse et de moyenne justice, donnait aussi le droit de glaive, c'est-à-dire de punir de mort les malfaiteurs ayant commis quelque crime dans l'étendue de la juridiction du Seigneur.

Leudes. — C'étaient primitivement les compagnons qui suivaient le chef de guerre et en recevaient une framée sanglante ou un cheval de bataille ; plus tard ils obtinrent des terres nommées *bénéfices.*

Litre. — Cordon de peinture noire apposé en dedans et en dehors de l'église à la mort d'un seigneur possédant les droits honorifiques à l'église ; ses armes étaient ordinairement peintes sur les contreforts.

Machicoulis. — Galerie en surplomb portée sur des consoles établies au haut des tours et des courtines ; entre chaque console régnaient des ouvertures permettant de lancer des projectiles, de la poix enflammée ou de l'huile bouillante.

Maître-Autel. — C'est l'autel principal d'une église, ordinairement placé dans le chœur ou dans l'abside.

Mallum ou *Mal.* — Assemblée des Francs appelée aussi Champ de Mars ou Champ de Mai ; elle se tenait d'ordinaire deux fois l'an ; les Francs s'y rendaient tout armés pour juger des affaires politiques.

Manse. — On désignait par manse une sorte de ferme avec les terres qui en dépendaient ; le *manse* désignait parfois l'habitation seulement, comme il se rapportait aussi aux terres dépendant de la ferme.

Marquette. — Droit honteux permettant au seigneur de se substituer au mari pendant la première nuit de noces du nouvel époux.

Mascaron. — Tête d'homme ou d'animal, noble ou grotesque, sous les clefs de voûte, les chapiteaux, les archivoltes, etc.

Mesurage (Droit de). — Les seigneurs prélevaient ce droit sur chaque mesure.

Milice. — Troupe auxiliaire de ligne ; les *milices communales* avaient surtout pour objet de défendre la cité et ses privilèges.

Mosaïque. — Espèce de marqueterie faite avec de petits fragments colorés de diverses manières ; les matières employées étaient le marbre, la pierre, le verre, etc. ; elles étaient assemblées au moyen d'un mastic.

Ogival (Type). — Nom donné au style des édifices élevés du xiii* au xvi* siècle ; le trait le plus caractéristique de ce type est l'emploi des arcs brisés, c'est-à-dire que leur courbe présente un angle à son sommet.

Oubliettes. — Cachots souterrains établis dans les châteaux-forts pour recevoir les condamnés à mort.

Peinture à fresque. — Espèce de peinture appliquée sur des murailles et incorporée avec l'enduit.

Retable. — Ornement en bois placé derrière et au-dessus du maître-autel, destiné à recevoir un tableau.

Pilier. — Support vertical de pierre isolé, destiné à porter les charpentes ou les voûtes des édifices.

Radiale (Couronne). — De *radius*, rayon : elle fut d'abord réservée aux dieux et aux héros déifiés, puis elle fut prise par quelques empereurs romains.

Roman (Type). — C'est le nom donné au style architectural que présentent les édifices construits du v* au xiii* siècle ; il est surtout caractérisé par le constant usage du plein cintre.

Roture. — Condition de ceux qui n'étaient pas nobles.

Roturiers. — Nom porté par les *non-nobles* ; ils étaient d'abord attachés à la glèbe et s'occupaient de la culture des terres.

Serf. — Homme soumis au servage, condition intermédiaire entre la servitude et l'esclavage proprement dit, et la liberté personnelle. — Le serf était attaché à la terre qu'il était tenu de cultiver ; il ne pouvait être vendu qu'avec la terre, comme la terre était vendue avec lui.

Suzerain. — Nom donné à tout seigneur duquel relevaient d'autres seigneurs.

Taille. — Dans le principe, c'était un droit féodal que les seigneurs levaient sur les serfs ; plus tard ce fut un impôt levé sur les roturiers en proportion de leurs biens et de leurs revenus.

Tenancier. — Homme qui tenait ou possédait des terres en roture, relevant d'un fief auquel étaient dus des cens ou autres droits.

Trous de loup. — Trous creusés dans le sol en forme de tronc de cône renversé; au fond est planté un pieu.

Urne cinéraire. — Vase de forme oblongue destiné à recevoir les cendres d'un mort recueillies sur le bûcher.

Vassal. — Ce nom, qui n'implique ni la roture ni la servitude, était donné à celui qui tenait une terre d'un seigneur, et envers lequel il avait contracté des obligations personnelles.

Villas. — Maisons de campagne des Romains; ce nom fut ensuite appliqué aux métairies que les rois francs s'étaient réservées dans la Gaule.

Voussures. — Rangs de claveaux d'archivolte, enveloppant le tympan d'une porte.

— TYP. DELATTRE-LENOEL, RUE DE LA RÉPUBLIQUE, 32.

Contraste insuffisant

NF Z 43-120-14

n/pod-product-compliance